Paul Heyse

Die Einsamen - Eine Novelle

Paul Heyse

Die Einsamen - Eine Novelle

ISBN/EAN: 9783744672108

Hergestellt in Europa, USA, Kanada, Australien, Japan

Cover: Foto ©ninafisch / pixelio.de

Weitere Bücher finden Sie auf **www.hansebooks.com**

Die Einsamen.

EINE NOVELLE

von

PAUL HEYSE

NEW YORK

HENRY HOLT AND COMPANY

F. W. CHRISTERN

BOSTON: CARL SCHŒNHOF

Die Einsamen.

(3)

Mehrere Tage lang hatten heftige Südstürme das Meer erschüttert, auf dem hohen Felsenufer Sorrents mit Frühlingsungestüm den Saft in den Feigenbäumen aufgerüttelt und den Boden mit fruchtbaren Regenschauern gepflügt. Manche wollten ein gährendes Murren im Innern .des Vesuv vernommen haben und weissageten einen nahen Ausbruch. Auch schienen oft die Häuser bis in die Grundfesten zu wanken, und Nachts hörte man ein drohendes Klirren der Geräthe, die im Schrank nahe bei einander standen. Als aber am letzten April die Sonne endlich über den Aufruhr Herr wurde, standen die kleinen Städte auf der Ebene von Sorrent unversehrt zwischen ihren Wein= und Orangengärten, der Felsengrund hatte sich nicht aufgethan, sie zu verschlingen, und dem tosenden Meer war das Ufer dennoch zu hoch gewesen, um hinaufbrandend Alles, was Menschen seit Jahrhunderten gepflanzt, in die Tiefe zu reißen.

6

Am Nachmittage dieses letzten Aprils, der zugleich ein Sonntag war, verließ ein deutscher Poet — sein Name thut nichts zur Sache — das Haus, in dem er sehr wider seine Neigung durch den Sturm war gefangen gehalten worden. Tagelang hatte er vom Fenster aus über das Meer gestarrt, den Mantel um die Knie geschlagen, denn der Steinboden seines Zimmers hauchte eine empfindliche Kälte aus, den Hut auf dem Kopf, ein Glas Wein nach dem andern hinab- schlürfend, ohne ein Wärmegefühl in sich erwecken zu können. Der kleine Büchervorrath, der ihn auf der Reise begleitete, war in Neapel zurückgeblieben, und im Hause seines Wirths war außer dem Kalender und einem Meßbuch kein gedruck- tes Blatt aufzutreiben. Wie oft hatte er sich vermessen, daß ihn in der Einsamkeit Langweile nie anwandeln solle. Aber so viel und sehnsüchtig er die Muse zur Gesellschaft heranflehte, der Wind verschlang seinen Ruf, und die Kälte ließ endlich keinen andern Gedanken in ihm aufkommen, als den Wunsch, die Sonne wieder zu sehen.

Sie war denn auch durchgebrochen, und er hatte die Hälfte dieses gesegneten Tages redlich damit verbracht, auf dem Altan sitzend sie sich auf die Haut scheinen zu lassen. Und als er vollends nach Tische den Bergweg hinaufstieg, wurden alle erstarrten Gefühle in ihm mit Macht wieder lebendig. So groß, so golden und gewaltig hatte er die siegreiche Frühlingssonne nie gesehen, so erfrischend war ihm der Hauch des Meeres nie ins Mark gedrungen. Diese Blätter da an den Feigenbäumen waren in Einer Nacht fingerlang hervorgeschossen. Die Büsche dort hat die Sonne eines halben Tages in weiße Blüthen gebracht. Und

wo nur der Wandrer, vom Duft gelockt, den Boten näher
untersucht, dunkeln ihm unabsehbare Veilchenbeete entgegen.
Die Luft wimmelt von Schmetterlingen, die nicht älter sind,
als dieser Tag; alle Pfade ringsum sind von Menschen zu
Fuß oder in sausenden kleinen Wagen belebt. Dazu die
Glockenstimmen der Kirchen und Kapellen auf vier Stunden
Wegs, das Jauchzen der Bursche, die bergan zogen, um
ein Kirchenfest in Sant' Agata, einem Dorf auf dem Grat
des Berges, mitzufeiern, und die langgezogenen Ritornelle
der Weiber, die Hand in Hand zur Vesper wandelten,
oder auf den sonnigen Dächern stehend ins Meer hinaus-
blickten.

Je weiter der Deutsche einer mäßig ansteigenden Straße
folgend, sich dem Feiertagsjubel entzog, desto mehr beklemm-
te es ihm das Herz, daß er dem Dank für die Fülle der
Wunder, die auf ihn eindrang, mit Nichts Luft zu machen
vermochte. Am liebsten hätte er dort auf dem Felsen stehend
in die weite Landschaft hinausgesungen, ein Lied ohne Worte,
einen bloßen Wiederhall aller Frühlingsstimmen um ihn
her. Aber er hatte einigen Grund, seiner Stimme zu miß-
trauen, daß sie eine würdige Heroldin seines Gefühls sein
würde. Wie neidisch dachte er an jenen Tenor zurück, der
in Rom ihn manchen Abend entzückt hatte! Mit dieser
Stimme hier die Weite auszufüllen! Wie armselig, stumm
wie ein Dieb, klanglos wie der Stock in seiner Hand kam
er sich vor, als er durch alle singende und klingende Wonne
der Natur hindurchschritt.

Was rühmen sie die Poesie als die höchste Kunst? rief er
zornig aus. Kann sie eine Brust von der Uebermacht eines

soldjen Eindrucks befreien? Ruft mir die Größten her, die

— 8 —

solchen Eindrucks befreien? Ruft mir die Größten her, die jemals über melodische Worte zu gebieten hatten, ob sie nicht dem Unermeßlichen gegenüber verstummen gleich mir armen Nachgebornen. Womit wollen sie Licht und Aether und Meer und die Düfte, die aus jenem Orangenhain herauf= wehen, nur von ferne würdig verherrlichen? Sogar der Letzte unter Allen, die sich noch einer Muse rühmen, ein Tänzer selbst könnte es ihnen hier zuvorthun. Kann er nicht das Streben in den blauen Himmel hinauf, ins All hinein, wenigstens mit Zeichen und Geberden andeuten, mit seiner ganzen Person und vom Wirbel bis zur Zehe seine Trunken= heit ausströmen? Und nun ein Maler vollends! der unbe= deutendste und einfältigste, wenn er nur gelernt hat, die Linie des Berges dort und das Kloster am äußersten Rande, da= hinter den Wald, die Grenze des Meeres, im Vordergrunde den frisch vom Winde geknickten Baum auf ein Blatt Papier zu bringen — wie glücklich muß es ihn machen! Und wenn er gar ein Meister ist und die zitternde Helle über der gelben Bergwand in Farben widerstrahlen kann, dort in der Tiefe die See, die noch immer wühlt und die Wellen wirft, wie Fetzen eines silberdurchwirkten Gewandes, den Duft drüben am Vesuv, die weißen Glockenthürme zwischen dem jungen Laub der Kastanien — ich könnte ihn grabezu umbringen vor Neid!

In dieser seltsam aufgeregten Verfassung setzte er sich auf einen Stein am Wege nieder und sah finster um sich her. Und er hatte es halb und halb verdient, daß ihm durch die Erkenntniß seiner Unzulänglichkeit die reine Stimmung ver= stört wurde. Er war mit der festen trotzigen Ueberzeugung

ausgegangen, draußen der langentbehrten Muse zu begegnen.
Ein Heft Papier hatte er zu sich gesteckt, und hinter jedem
Felsenvorsprung, jeder Wald= oder Gartenecke rechnete er
gespannt darauf, ein lyrisches Motiv zu finden. Denn der
sehr thörichte und eine Wunsch beseelte ihn, wo Alles im
Werden war, auch von seinem geringen Dasein ein Zeugniß
abzulegen. Und wohl jeder hat es schon einmal an sich selbst
erfahren, daß ihn das große Werk der sich erneuenden Na=
tur in eine Spannung versetzt, in der er die unerhörtesten
Dinge wirken und wagen möchte, in eine ziellose Unruhe,
irgend etwas zu gestalten und nicht der einzig Unthätige
und Erstorbene zu sein, während Alles Blüthen treibt?
Schade nur, daß dieses Frühlingsfieber meist, anstatt irgend
einer That, Erschöpfung und Verzicht zur Folge zu haben
pflegt.

Und so hatte denn unser Freund verzichtet, ohne darum
die Mißgunst auf andere Sterbliche los zu werden, die, wie
er meinte, besser daran seien, als er. Nun kommen sie aus
ihren Löchern hervor, murmelte er ingrimmig, und machen
das Land unsicher mit Mappen und Schirmen und Feld=
stühlen und setzen sich an den gedeckten Tisch der Mutter
Natur. Sie brauchen nur zuzugreifen, so haben sie alle
Hände voll. Und wenn sich ihre Sinne satt geschwelgt
haben, tragen sie wie ein Gastgeschenk vom Fest, wie den
Becher, aus dem sie getrunken haben, ihre Studien und
Skizzen heim, die ihnen die Erinnerung und Stimmung er=
neuen, so oft sie danach Verlangen tragen. Sie haben wohl
Recht, in den Süden zu pilgern; für sie ist hier offene
Tafel. Aber wir? aber ich? Haben mich schadenfrohe

Götter hierher gelockt, um mich recht tief zu demüthigen? War's nicht schon genug, daß ich in Rom all meine Verse auf die Frascatanerin verbrannte, als ich ihr Bild auf der Ausstellung gesehen? Was wäre der ganze Petrark gegen eine Leinwand, auf der ein Tizian das Bild von Madonna Laura festgehalten hätte? Als man noch nicht malen konnte, da war die rechte Zeit zum Dichten. Denn was ist das Dichten anders, als ein ewig wiederholtes Bekenntniß, daß Worte arme Schächer sind, die nicht den Saum am Ge= wande der Mutter Natur zu fassen vermögen? Im Norden, wo keine Farben und keine Formen sind, da mag sich Poesie die Königin dünken. Eine Bettlerin ist sie hier!

Während dieses frevelhaften Selbstgesprächs hatte er un= verwandt auf das Meer geblickt, das sich mit jeder Viertel= stunde tiefer färbte und nur mit langen helleren Streifen glänzend durchschossen blieb. Es fiel dem fieberhaften Tho= ren nicht ein, daß auch ein Maler hier verzweifelt seine Pin= sel weggeworfen hätte. Denn ein großer Theil des unsäg= lichen Reizes lag eben im Wechsel und Spiel der Töne, in dem lebendigen Wandel der Elemente. Sollen wir gar die andern überspannten Anklagen entkräften, die der Ver= blendete gegen seine Muse schleuderte? Aber wir wissen ja, mit wem wir es zu thun haben, mit einem von jenem „reiz= baren Geschlecht", dem das Wort nur darum verliehen zu sein scheint, um sich selber damit ewig zu widersprechen. Und vielleicht erleben wir es, daß er noch am Abend dieses Tages die Zerknirschung, in der er sich viele Meilen weg wünschte, feierlich abbüßt und mit dem heiligen Lucas selbst den Tausch nicht eingehen würde.

Was aber dort zur Linken den Weg heraufkommt, ist
freilich nicht dazu angethan, seine Desperation zu dämpfen;
vielmehr schlägt sie erst recht in helle Flammen auf. Nur
den Umriß! wüthete er vor sich hin, ein Paar Dutzend
Linien nur! Wie sie auf dem Eselchen einhertrabt, das eine
Bein über dem Rücken des Thiers, flach und sicher ruhend,
das andere mit der Spitze des Fußes fast den Boden strei=
fend; und den rechten Ellenbogen auf das ruhende Kniee
niedergestützt, die Hand leicht unter dem Kinn, mit der
Halskette spielend, das Gesicht hinausgewendet nach dem
Meer; welch: Last schwarzer Flechten im Nacken; es leuchtet
roth darin; ein Korallenschmuck — nein, frische Granat=
blüthen. Der Wind spielt mit dem lose umgeknüpften Tuch;
wie dunkel brennt die Wange, und wie viel dunkler das Auge!
Könnt' ich nun zu ihr treten und sie bitten, eine halbe Stunde
still zu halten, ganz so wie sie da ist, und trüge nur einen
schwachen Schattenriß dieser herrlichen Figur davon, es wäre
doch für ewig ein Besitz zum Beneiden. Statt dessen, wenn
ich leer zu Menschen zurückkomme und es ihnen sagen will,
wie schön das war, werde ich hören müssen: Wer das
gemalt hätte! — Nein, und es ist doch nicht festzuhalten,
diese Anmuth des Ruhens und Bewegens, die reife Jugend=
fülle, die stattlichen Züge, auf und ab nickend, wie das Thier
Schritt für Schritt sich bewegt, und zu der königlichen
Würde der Gestalt das Füßchen, das kindlich hin · und her
baumelt — kommt her, ihr Pinsel alle, und zaubert mir's
wieder!

Er war aufgestanden und erwartete die Reiterin, die,
unbekümmert um den fremden Wanderer, in ihrer Stellung

blieb und nur das Thier mit einem Schlag des Zügels
ermunterte. Jetzt ritt sie an ihm vorüber, jedoch am Rande
des Weges, so daß er seinen Gruß, den er ihr hinter dem
Rücken zurufen mußte, nur durch ein gemessenes Nicken
ihres Hinterhaupts belohnt sah. Dabei hob sich freilich das
vielverschlungene Nest des schwarzen Haars von dem schönsten
Nacken.

Ein ganz besonderer Hauch von Ruhe umgab die ganze
Erscheinung, und wie sie nun ihres Weges weiterritt, ließ
keine Miene des Gesichts darauf schließen, daß ihr die Be-
gegnung mit dem Fremden auch nur so viel Neugier und
Reiz erweckt habe, wie es natürlich ist, wenn in einsamer
Stunde, auf verlassenem Bergpfade, ein junger Mann und
ein schönes Weib sich unvermuthet antreffen. Ob sie eine
Frau oder ein Mädchen sei, konnte der Wandrer weder aus
ihrer Kleidung noch aus ihrem Betragen enträthseln. Zwar
schien die erste Jugend vergangen; aber wenn auch kein
Zug von mädchenhafter Erwartung, Verheißung und Ver-
schlossenheit in dem gleichmüthigen Gesicht zu entdecken war,
so belebte doch eine Frische und Reinheit den Umriß dieser
Wangen, wie sie den verheiratheten Frauen in jener Gegend
selten eigen sind. Ihre Tracht war halb städtisch, nur der
seidne Rock kürzer und das Mieder tief in den Nacken aus-
geschnitten. Die knappen Aermel hatte sie aufgestreift, die
Stirn war von keinem Tuch gegen die Sonne geschützt, und
ein breiter Strohhut hing müßig am Sattel des Thiers.

Erst als sie dem Fremden um die Windung des Weges
zu entschwinden drohte, besann er sich und ging mit starken
Schritten ihr nach. Bald war er neben ihr, aber eigensinnig

wie zuvor ging das Thier am Rande des Abhangs weiter und ließ ihm nur einen schmalen Raum zwischen dem Strohhut und der Wand des Berges. Auch während des Gesprächs, das er nun anknüpfte, drehte sich die Reiterin keinen Augen= blick nach ihm um. Ihre Stimme klang tief; ihr Dialekt war schlechtes neapolitanisch. Allein so kurz sie antwortete, lag doch in ihrem Ton weder der Wunsch, den Frager abzu= fertigen, noch ihn durch neckischen Trotz zu fesseln.

Ihr kommt von Sorrent, schöne Einsame? fragte er.

Nein, von Meta.

Ihr habt Freunde dort besucht?

In der Kirche war ich.

Und reitet nach Sant' Agate hinauf zum Fest?

Nein, Herr.

Dies aber ist der Weg, der hinaufführt?

Nein, Herr.

So thut mir den Gefallen, mir den rechten zu zeigen.

Ihr müßt zurückgehen, sagte sie, noch immer ohne sich umzusehn, und den nächsten Steig, der links hinaufführt, verfolgen, so kommt Ihr auf die Fahrstraße.

Wenn ich zurück muß, lasse ich lieber das Fest fahren, als das Vergnügen, noch so lang es Euch nicht lästig wird neben Euch her zu gehn.

Wie Ihr wollt, der Weg ist nicht für mich allein gebahnt worden.

Wißt Ihr, daß es freundlich von Euch wäre, wenn Ihr das Gesicht einmal zu mir hin kehrtet?

Sie that es gelassen, ohne eine Miene zu bewegen. Was ist? fragte sie. Was habt Ihr mir zu zeigen?

Ich denke, Ihr habt mir was zu zeigen.

Ich?

Ihr seid schön. So zeigt mir Eure Augen.

Das Meer ist noch schöner als ich, und Ihr thätet klüger es anzusehen, als Augen, die Euch nichts zu sagen haben.

Das Meer? Ich sehe es alle Tage von meinem Altan aus.

Aber ich nicht. Erlaubt denn, daß ich die Gelegenheit benutze! — Und sie wandte sich wieder ab.

Sieht man das Meer nicht überall von diesen Bergen aus? fragte er.

Meines Bruders Mühle liegt tief drüben in der Schlucht; der Felsen tritt weit davor und das Gestrüpp oben hat die letzte Aussicht überwachsen.

Ihr lebt bei Eurem Bruder?

Ja, Herr.

Aber Ihr werdet nicht mehr lange dort leben, oder die jungen Männer von Meta haben keine Augen.

Mögen sie doch Augen haben. Was gehn mich ihre Blicke an? Ich bin glücklicher bei meinem Bruder, als alle Frauen auf der Ebne von Sorrent und bis hin nach Neapel.

Habt Ihr nie Verdruß mit der Frau Eures Bruders?

Er hat keine und wird nie eine haben. Er und ich, ich und er — was bedürfen wir mehr, außer dem Schutz der heiligsten Madonna?

Und seid Ihr so sicher, daß es immer so bleibt, daß ihm niemals ein Mädchen gefallen wird?

So gewiß wie ich lebe. Aber was kümmert's Euch? — Und sie trieb mit einem Schlag der Hand den Esel an, daß er die Ohren schüttelte.

Warum ist Euer Bruder nicht mit Euch in Meta gewesen? fragte der Deutsche wieder, obwohl auch das ihn im Grunde nicht zu kümmern brauchte.

Er verläßt die Mühle nie, nur wenn er beichten geht, troben in Deserta.

Ist er krank?

Er mag keine Menschen sehen, außer mir. Und der Anblick des Meers thut ihm weh, seit er damals — aber wer seid Ihr, daß Ihr mich ausfragt? Seid Ihr ein Prete? oder von der Polizei in Neapel?

Er mußte lachen. Keins von Beiden, sagte er; aber zwingt Ihr mich nicht selbst, zu fragen? Wenn Ihr mir das Gesicht zukehrtet, würde ich das Sprechen bald vergessen. Nun muß ich mich durch Eure Stimme zu entschädigen suchen.

Sie maß ihn mit einem ernsthaften Blick und fragte dann: Was habt Ihr immer mit meinem Gesicht? Seid Ihr ein Maler?

Er schwieg einen Augenblick, und der alte neidische Verdruß rührte sich wieder in ihm, daß es nur den Malern verstattet sein sollte, einer Schönheit nachzugehen. Freilich, wer darf ihnen übelnehmen, was zu ihrem Handwerk gehört? Die Glücklichen, die mit diesem Freipaß durch die Welt reisen! Denn daß auch er kraft seiner Art und Kunst ein Recht habe, sich in die Züge dieses Mädchens zu vertiefen, wie konnte er ihr das klar machen, die sicherlich von der edlen Zunft der Poeten keine Ahnung hatte.

Du willst es auch einmal so gut haben, dachte er bei sich und antwortete mit dreister Stirn: Allerdings, ein Maler bin ich, und wenn Ihr erlaubt — aber wie heißt Ihr denn?

Teresa.

Wenn Ihr erlaubt, schöne Teresa, begleitete ich Euch gern in Eure Mühle, um ein Bild von Euch in meinem Skizzenbuch zu entwerfen.

Er that diese leichtsinnige Bitte unbedenklich, da es ihn stark gelüstete, auch den Bruder zu sehn und einen Blick in die Häuslichkeit der einsamen Geschwister zu werfen. Wenn es dann zum Treffen kam, so sollte sich schon irgend ein Ausweg finden. Und war seine Lüge nicht auch eine Noth= lüge? That es ihm nicht aufrichtig noth, noch länger in Teresa's Augen zu sehen?

Sie besann sich ein Weilchen. Dann sagte sie: Wenn Ihr ein Maler seid, so macht ein Bild von mir, das ich meinem Bruder geben kann. Sterb' ich einmal, so hat er mich immer vor Augen, wie bei meinem Leben. — Seht Ihr den breiten Bach, der dort aus der Schlucht hervor= springt und sich über den Weg in die Tiefe stürzt? Er treibt unsere Mühle, und wir müssen rechts einbiegen und ihn verfolgen. Der Regen hat ihn sehr angeschwellt, und der schmale Pfad in der Schlucht ist nicht zu passiren. Wartet! Ihr sollt Euch auf den Esel setzen und hinaufreiten, während ich ihn führe.

Ihr ihn führen, zu Fuß? Nimmermehr, Teresa!

So bleibt Ihr eben unten; denn wenn Ihr auch barfuß hinaufstieget durch das Wasser, wie ich, Ihr kennt das Bett und den Weg nicht und stürzet bei jedem Schritt.

Sie hatte das Thier schon angehalten und sich leicht hin= abgeschwungen. Während er noch zaudernd stand, und der Gedanke, daß er sie täuschte, ihn denn doch beunruhigte, hatte sie schon Schuh und Strümpfe von den schönen Füßen gestreift und faßte nun, ihn ruhig anblickend, den Zaum des Esels.

Mag es denn sein! sagte er halb lachend. Obwohl ich eine wenig ritterliche Figur machen werde, wenn ich Euch das schlimmere Theil überlasse.

Er saß auf und sie zogen dem Bache zu, das Mädchen voran, den Zügel um ihren Arm geschlungen. Als sie an die Schlucht kamen, warf sie noch einen letzten langen Blick über das Meer; dann lenkte sie, des Wassers, das sie um= rauschte, nicht achtend, rechtsab in den Bach hinein, der sich um große Steine wälzte und die ganze Breite der Schlucht ausfüllte. Hier war es kühl und dämmerhaft nach der Tageshelle draußen, und das Gesträuch hing tief zu beiden Seiten der Felsenenge herein. Der Deutsche, während das Thier ihn vorsichtig von Stein zu Stein trug und der Gischt ihm bis an die Kniee spritzte, sah aufwärts und gewahrte einige hundert Schritt in der Höhe die Mühle, gefährlich in das Gestein eingebaut, grau wie der Felsen neben ihr. Das Rad war gehemmt, des Sonntags wegen; kein andrer Laut übertönte das Getöse des Bachs, als der Schrei eines Sper= bers, der über der Schlucht schwebend sich die Brust an dem heraufsteigenden Wasserdunst zu kühlen schien. Indessen schritt Tereja auf der einen Seite dicht am Felsen hin. Dann und wann wurde der Weg unter ihren Füßen sichtbar, wäh= rend andere Strecken völlig überflutet waren. Sie sprach nichts. Auch war es nicht leicht, sich in dem Lärm der Wellen verständlich zu machen, der den Hohlweg entlang hundertfach in sich selbst wiederhallte. Erst in der Nähe des Hauses traten die Felswände breiter aus einander, der Weg hob sich aus dem Wasser heraus, und der Reiter, sobald er festen Grund unter seinem Thiere sah, sprang auf seine Füße, im Stillen froh, daß wenigstens kein Dritter den abenteuerlichen Zug mitangesehen habe.

Denn die Mühle lag wie ausgestorben; ja selbst als er schon davor stand, war der Deutsche fast versucht, sie für eine Coulisse zu halten. Die Fensterläden waren geschlossen, die braune Thür in der grauen Wand hatte keinen Griff und schien gar nicht praktikabel, der Schatten unter dem Dach= vorsprung konnte eben so gut gemalt sein. Indessen öffnete das Mädchen das Gitter zu einem in den Felsen gesprengten Stall und ließ den grauen Freund hinein. Dann stieß sie die Hausthür mit leichtem Druck nach innen auf und trat dem Fremden voran über die Schwelle.

Ein Blick genügte, um den Deutschen mit allen Räumen des Innern bekannt zu machen. In der Mitte ein ziemlich breites Gemach, das die ganze Tiefe des Hauses einnahm; der Herd an der Seite, ein schwerer Tisch und hölzerne Stühle in der Mitte, in einem Wandschrank Hausgeräth, zur Rechten nach der Seite des Felsens eine Kammer mit einem Bett, links die Mahlkammer mit dem Radwerk. Eine Thür in der Hinterwand des Hauses stand ebenfalls offen, und man sah in einen freien grünen Platz hinaus, auf den ein einzelner breiter Sonnenstreif fiel. Er mochte einige Morgen im Gevierte haben und war hoch genug über dem Bach gelegen, daß ein Gärtchen dort hätte gepflanzt werden können. Aber der Bergkessel, der den Grund umschloß, war zu hoch, die Luft zu kühl, um der Blumenzucht günstig zu fein. Und so wucherte denn nur des Gras auf dem Platz und eine Ziege weidete am Ufer des Wassers. Dort aber, wo durch einen Riß des Berges jener einzelne Sonnenblick hereindrang, standen, wie ein schönes Wunder, zwei einzelne Orangenbäume mitten auf der Wiese, zwar spärlich mit Früchten behangen, doch in voller Frische.

Der Bruder ist nicht zu Haus, Teresa, sagte der Deutsche. Sie ließ das Auge ruhig über den Wiesengrund schweifen und sagte dann: Seht Ihr ihn nicht drüben, wo die Schlucht sich wieder schließt? Der Bach hat an der Mauer gerüttelt, die ihn dort in sein richtiges Bette zwingt. Nun wirft er einen Erddamm hinter die Steine, daß die Wiese nicht überschwemmt wird. Er denkt an Alles, mein Bruder, und kann Alles; Ihr könnt tausend Jahr suchen und findet Keinen, der mehr Genie hat.

Warum verschwendet er's aber hier in der Einsamkeit?

Weil er will.

Und seid Ihr hier in der Mühle aufgewachsen, Aermste, und habt nie mehr Sonne gesehen, als dort in die Orangen= zweige scheint? Ich kann es nicht glauben; Eure Wangen sind schwerlich auf dem Ritt Sonntags in die Kirche so dunkel geworden.

Nein, sagte sie; es ist noch nicht volle vier Jahr, daß wir hier wohnen und Tommaso die Mühle gekauft hat. Wollt Ihr's glauben? Er hatte vorher, wo wir in Neapel waren und er seine Fischerei trieb, keinen Gedanken, was ein Mühl= rad sei und wie die Steine umlaufen. Und am ersten Tag, als wir hier heraufgekommen waren, — der alte Müller war eben gestorben — brachte er's in Gang, als hätte er's von klein auf gethan. O, ein Mensch wie Tomà, am Hof des Königs ist kein Klügerer!

Während dieser Worte gelang es dem Fremden nicht, das Gesicht des Mannes zu sehen, der am äußersten Ende des Wiesenlandes rüstig an seiner Arbeit war und sich nach der Mühle nicht umwandte. Er erkannte nur eine hohe Ge= stalt, schwarzes krauses Haar unter dem grauen Hut, eine Jacke von dunkler Farbe lose über der Schulter hängend. — Was hat ihm nur die Stadt und das Meer und sein schönes Gewerbe verleidet? fragte er jetzt die Schwester, die neben ihm stand.

Sie schien die Frage überhört zu haben. Wißt Ihr was? sagte sie, setzt Euch und fangt das Bild an, damit es fertig ist, wenn mein Bruder wieder ins Haus kommt. Dann frag' ich ihn, wer es sei, und erkennt er's, so giebt er Euch was Ihr wollt dafür, denn wir sind nicht arm, müßt Ihr wissen. Als wir in Neapel lebten, hatte mein Bruder sieben Fischer unter sich und fuhr in drei Kähnen in's Meer, und hätte auch wohl ein Landgut kaufen können, statt der Mühle hier. Was hilft ihm nun sein Geld bei seinem schweren Herzen! — Setzt Euch, Herr; ich will nicht mehr schwatzen, Ihr sollt den Mund ganz still und richtig auf's Papier ma= len und die Augen und Alles.

Unser Freund stand in nicht geringer Verlegenheit, als er sah, daß es ernst werden sollte. Es ist etwas dunkel hier, sagte er mit klopfendem Herzen.

So gehen wir auf die Wiese.

Dort ist es wieder zu hell, Teresa. Ihr wißt nicht, wie schwierig es ist, das rechte Licht zu finden

Wartet, sagte sie, und öffnete rasch die Fensterläden. Ich meine, es ist nun ein hübsches Licht im Hause. Ich wenigstens, wenn ich's gelernt hätte, ich wollt' Euch hier aufs Haar an die Wand zeichnen.

Nun denn, sagte er kecklich, so fangen wir an.

Er schob zwei Stühle an das eine Fenster, das die Schlucht hinunter den ganzen Lauf des Bachs übersah, und bat sie, niederzusitzen. Jene Blätter, die er zu sich gesteckt, um irgend eine Eingebung der Muse darauf festzuhalten, zog er hervor und legte sie auf sein Knie, den Stift in der Rechten. Eine tiefe Röthe überflammte die braunen Wangen des Mädchens, als sie nun seinen Blick gespannt auf sich ruhen fühlte. Ihr Auge, über dem die dichte Wimper wie die Schwinge eines schwarzen Falters auf und nieder ging, war starr hinaus gerichtet und in wenig Augenblicken feucht umwölkt durch die Spannung des Blicks. Er bat sie, frei sich zu bewegen, es werde darum nicht schlechter werden. Auch konnte er es sich nicht versagen, an ihrem starken Haar sich etwas zu schaffen zu machen. Teresa —! sagte er.

Was ist?

Nichts. — Es war ihm unmöglich, dem großen Blick ihrer Augen gegenüber etwas Zärtliches oder Fades zu sagen. Wie fest und breit und eben war die Stirn, die Brauen wie ruhig geschweift! Er hatte sich jetzt entschlossen, eine halbe Stunde lang eifrig zu thun, als sei er im besten Werk begriffen, und dabei des Anblicks sich zu erfreuen; dann aber das Blatt rasch zu zerreißen, auf seinen schlechten Tag und sein verwirrtes Auge zu schelten und sich zu verabschieden.

Als er nun eben ruhig seine Stellung gewählt hatte und

die Miene des Anfangens machte, bemerkte er drüben in der Schlafkammer an der Wand ein männliches Bildniß in schwarzem Rahmen, das ihm einen willkommenen Vorwand gab, noch einmal inne zu halten.

Ihr habt da ein schönes Bild Eures Bruders, sagte er, und stand auf, es näher zu betrachten. Wer hat es gemalt? In der That, eine treffliche Arbeit. Welch ein sanftes und feuriges Gesicht! Es macht mich immer neugieriger, ihn selber zu sehen.

Den dieses Bild vorstellt, sagte sie zögernd, werdet Ihr nie mehr lebend sehn.

So ist es nicht Euer Bruder?

Es war sein Freund. Er starb jung und Viele haben ihn beweint.

Es thut Euch weh, Teresa, davon zu sprechen; verzeiht, daß ich so viel zudringliche Fragen thue. Er nahm seinen Platz am Fenster wieder ein. Die Röthe war von ihrem Gesicht verschwunden, und ihre Augen sahen erloschen aus. Nach einer Pause, in der nur das Rauschen von der Schlucht herauf an ihr Ohr drang, fing sie von selbst wieder an:

Ihr habt Recht, sanft und feurig war er, ein Kind konnte ihn betrügen, und doch für die, die er liebte, hätte er sich in den Vesur gestürzt, wenn sie es verlangt hätten. Die Männer sind alle schlecht, sagt Tommaso. Aber nur ihn nahm er aus und hatte Recht. Wer ihn ansah, wußte, keine reinere Seele athmete die Luft unterm Monde. Ist es ein Wunder, daß Tommaso das Meer haßt, welches ihm einen solchen Freund verschlungen hat? daß er ein schweres Herz hat seit jenem Tag, wo er mit ihm hinausfuhr zum Fischen und ohne ihn wiederkam? Niemand hat es ihm verdacht, daß er tiefsinnig ward von Stund an und sein Gewerbe ihm verleidet war.

Er war auch ein Fischer, wie Euer Bruder?

Er war ein Sänger, Herr, aber ein armes Fischerkind; seine Eltern leben noch heut. Schon als Knabe in den Kirchen schmolz er Allen das Herz, wenn er zu singen anfing. Ein reicher Onkel von ihm, der eine Trattorie am Strande hatte, ließ ihn dann lernen bei einem Singmeister; er sollte zur Oper gehn. Und nun stellt Euch vor, am Tage vor seinem ersten Auftreten, wo ganz Neapel schon von Nichts Anderm sprach), kommt er so gegen Abend zu meinem Bruder; denn sie kannten sich von Kind an und hielten noch immer zusammen. Tomà, sagt er, wollen wir noch eine Meerfahrt machen? Ich habe zu thun, Nino, sagt mein Bruder; die Netze müssen herein, und der Beppo, sagt er, der Knecht muß mit. — Laß ihn zu Hause, Tomà, ich helfe dir schon, ich hab's nicht verlernt über dem Notenlesen. — Und so fahren sie Beide hinaus, ich sehe sie noch immer, den Bruder am Steuer, Nino am Ruder; sein Haar flammte in der Abendsonne, und er hatte die Augen auf unser Haus gerichtet; immer steht mir der Blick vor der Seele. Und die Sonne war kaum hinunter, da höre ich Ruderschlag und springe unter die Thür um sie zu grüßen — aber Tommaso war allein im Kahn und ruderte wie ein Rasender und schrie mir zu: Guten Abend, Teresa; ich soll dich grüßen von Nino, er schläft schon, unten am Meeresgrund —! und mehr hört' ich nicht.

Entſetzlich! die ſchöne hoffnungsvolle Jugend! Wie war es nur möglich, das Unglück, da ſie zu Zweien waren und den Kahn hatten?

Das ſchwere Netz zog ihn hinab. Der Pflock, an dem es im Kahn feſthing, wich plötzlich aus der Fuge und ſchoß über Bord, und er mit den Armen übergebeugt, das Netz zu faſſen, verſtrickte ſich in den Maſchen, und der Kahn ſchlug um, und wie Tommaſo wieder auftaucht, ſieht er den leeren Kahn ruhig in der Abendröthe ſchwimmen und von Nino nur den Strohhut mit dem Bande, das ich ihm Tags vor-her barangeheftet hatte. — —

Armer Nino!

Beklagt Ihr ihn? Er ging geradeswegs in das Para-dies ein, und ſingt vor dem Thron der Madonna mit ſeiner goldenen Stimme. Beklagt meinen Bruder, Herr; dem liegt ſein Frieden unten im Meere verſunken, und kein Tau-cher bringt ihn herauf. Seit jenem Tag hat er nicht mehr gelacht, mein armer Tommaſo. Und ehe er ins Gebirge ging, verbrannte er ſeinen Kahn und ſeine Netze, und die Leute ſtanden am Ufer und ſagten: Er hat Recht, der Arme! denn man wußte, daß ſie wie Brüder geweſen waren.

Sie ſchwieg und ſah in die Schlucht hinunter, die Hände in den Schoß gelegt. Er aber hielt die Blätter müßig auf den Knieen und verſenkte ſeine Gedanken in das wunderſame Schickſal, das auf ihrem Geſicht zu leſen war. Alle Bitter-keit des Erlebten ſchien verſchwunden zu ſein und nur das reine Bild des Jünglings ihr vor der Seele zu ſtehn und die „goldne Stimme“ ſie zu umklingen.

Um so heftiger erschrak der Fremde, als er diese edlen
Züge plötzlich sich in wilder Leidenschaft sich verfinstern sah.
Wie ein Schwan, der eine Schlange sieht, fuhr sie mit
einem kurzen zischenden Tone auf vom Sitz, zitternd am
ganzen Leibe, die Brust arbeitete, die Lippen erblaßten und
öffneten sich krampfhaft. Was ist Euch, Teresa, um des
Himmels willen? rief er. Sie versuchte vergebens, ein
Wort zu sprechen. Da folgte sein Blick der Richtung des
ihrigen, der fest auf einen Punkt am Ende der Schlucht gerichtet war. Aber was er sah, steigerte nur sein Erstaunen;
denn durchaus nichts Furchtbares war's, was langsam dort
unten den überschwemmten Weg heraufkam, vielmehr eine
Gestalt, in ihrer Art nicht minder anziehend, als ihm vorher
Teresa erschienen war. Ein blondes junges Weib, ganz in
Schwarz gekleidet, erstieg, behutsam durch das Wasser
watend, den Weg zur Mühle. Die Schuh und Strümpfe
trug sie in der Linken, mit der Rechten hatte sie den faltigen
Rock hoch zusammengeschürzt, freilich mit etwas mehr Drei-
stigkeit, als vorher Teresa gethan. Ein Strohhut, von dem
breite schwarze Bänder flatterten, saß ihr, wie vom Winde
zurückgeweht, tief im Nacken, und ließ das blühende Gesicht
völlig sehen, dessen leuchtendes Weiß und Roth schon aus
der Ferne heraufschimmerte. Die Augen aber hatte sie auf
den Weg gerichtet.

Wer ist diese Frau, Teresa? fragte der Deutsche, und
warum verwandelt Ihr Euch so bei ihrem Anblick?

Was wird er sagen? murmelte sie vor sich hin, ohne auf
die Frage zu achten. Sie ist noch schöner geworden, noch
schlimmer. Was soll das Schwarz? Wenn der Alte gestorben wäre —! Heilige Madonna!

Eine wilde Jagd von Gedanken schien an ihr vorüberzu-
ziehn. Sie komme nur! sagte sie endlich, sie komme nur!
Wir fürchten sie nicht, wir kennen sie. Dann, sich erinnernd,
daß sie nicht allein war, sprach sie haftig: Ihr müßt dort
hinein, in die Mühlenkammer. Sie darf Euch hier nicht
finden, sie haßt mich, und wer weiß, was sie mir nachredete,
wenn sie einen Fremden hier getroffen hätte. Steht auf,
Herr, und um Jesu willen, haltet Euch ruhig, daß sie Euch
nicht hört. Ich denke, es währt nicht lange.

Wenn ich Euch im Wege bin, Teresa, so will ich dort
hinaus auf der andern Seite der Schlucht.

Ihr findet Euch nicht hinaus auf jener Seite, und hinunter
dürft Ihr nicht, der Hexe vorbei.

Ueberlegt Ihr's auch wohl, Teresa? Und wenn Euer
Bruder in die Mühlkammer träte und einen Fremden dort
versteckt sähe? —

Mein Bruder kennt mich, sagte sie stolz. Fort!

Nur ein Wort noch. Wer ist sie? was fürchtet Ihr von
diesem Weibe?

Alles; aber ich kenne Tommaso. Sie ist die Frau von
Nino's Onkel. Als man den Todten fand, bei Puzzuoli
an's Ufer gespült, da blieb ihr Auge allein trocken; Gott
verzeihe ihr's, ich nicht! denn sie haßte mich, weil mich Viele
schöner fanden, als sie. Nun will sie mir meinen Bruder
rauben, die Listige. Tommaso aber kennt sie; er und ich —
ich und er, wer will uns scheiden? — Tretet in die Kammer, Herr, und haltet Euch still. Hernach sag ich's meinem
Bruder, warum ich es gethan.

Sie drängte ihn hinein und zog die Thür hinter ihm fest

an; dann hörte er, wie sie eilig durch die Hinterthür auf die Wiese ging. Er aber, allein gelassen in seinem Gefängniß, konnte sich zuerst einer starken Aufregung und Beklommenheit nicht erwehren. Bald jedoch gewann der Reiz des Abenteuers die Oberhand, und er überlegte, wie er sich in allen möglichen Fällen zu benehmen haben würde. Während dem sah er sich unter den mancherlei frembartigen Dingen um; das einfache Rabwerk musterte er, die großen Siebe und Bütten, die Mühlsteine der verschiedensten Größe, die an der Wand lehnten. Dort im Winkel war Tommaso's Bett aufgeschlagen, ein Gebetbuch lag auf der Decke, ein Weihkessel hing zu Häupten an der Wand. Alles Licht, was in die Kammer fiel, drang von der Seite des Mühlrades durch große Oeffnungen herein, durch die man in die Speichen sah und auf das jenseitige Felsenufer der Schlucht. Aber auch in der Wand, die den Mühlenraum von dem mittleren Gemache schied, entdeckte er bald eine Oeffnung, die ihn den größten Theil desselben überschauen ließ. Hier faßte er Posto und wartete mit wachsender Spannung der Dinge, die da kommen würden.

Nicht lange, so traten von der Wiese her die Geschwister ins Haus. Er sah Tommaso's Gesicht unter einer Fülle schwarzer Lockenhaare, von einer zwillingshaften Aehnlichkeit mit den Zügen der Schwester. Eine tiefe zurückgehaltene Bewegung belebte jede Muskel und glänzte unheimlich aus den finstern Augen. Die Jacke glitt ihm von der Schulter, ohne daß er es bemerkte; lange stand er mit gekreuzten Armen am Tisch und nickte zuweilen mit der hohen Stirn, als hörte er der Schwester aufmerksam zu, die seinen Arm gefaßt

halte und mit heftigem Flüstern, für den Deutschen unver-
nehmbar, zu ihm redete. Aber seine Gedanken schienen ab-
wesend zu sein. Zuweilen zuckte seine volle Unterlippe; doch
schwieg er während der ganzen Zeit. Er konnte nicht über
dreißig Jahre alt sein; eine herrlichere Männergestalt ent-
sann sich der Späher in der Mühlkammer nie gesehen zu
haben.

Da klopfte es an der äußeren Thür. Im Nu flog Teresa
von des Bruders Seite fort auf einen Sessel am Heerd, an
den der Spinnrocken gelehnt stand. Als Tommaso, der seine
Stellung nicht verließ, herein! rief und die Thür sich auf-
that, schwang Teresa den Rocken und schien schon eine Stunde
so gesessen zu haben. Auch ihr Gesicht war kalt und gelassen.

Mit einigem Zögern trat die blonde Frau herein und
machte sich, während sie den ersten Gruß sagte, mit ihrer
Kleidung zu schaffen, offenbar um ihre Erregung zu ver-
bergen. Sie schüttelte vom Saum ihres Rockes die Tropfen
ab, warf die Schuhe nieder und zog sie leicht an die nackten
Füße. Jede Bewegung war weich, anmuthig, halb bewußt,
halb natürlich reizvoll. Das Gesicht, erhitzt vom Wege, glühte
über und über, und die schwarze Kleidung ließ die Zartheit
ihrer Farben und das matte Blond des Haars in diesem süd-
lichen Lande um so wundersamer erscheinen. Sie war kleiner
als Teresa, voller und schmiegsamer, rascher, wenn sie sich
bewegte. Aber die braunen Augen trugen alles Feuer des
neapolitanischen Himmels in sich.

Guten Abend, Teresa! Wie geht's Tommaso? sagte sie.

Ihr seid's, Lucia? erwiederte das Mädchen. Was führt
Euch von Neapel herüber in unsre Einsamkeit.

Nehmt Platz, Lucia, und seid willkommen, sagte der Bruder, ohne sich ihr irgend zu nähern.

Sie folgte der Aufforderung und setzte sich ans Fenster,
immer noch mit ihrer Kleidung beschäftigt. Ich hatte in Carotta zu thun, fing sie wieder an, indem sie den Strohhut
abnahm und ihr Haar aus der Stirn strich. Da dacht' ich,
ehe ich wieder heimfuhr, Euch zu besuchen, Teresa. Der Weg
hier herauf ist schlecht; wir hatten böses Wetter.

Für die Mühle war es gut, sagte Teresa kurz.

Lucia ließ ihre Augen im Gemach herumgehen und leicht
über Tommaso's Gesicht gleiten, der in scheinbarer Gleich-
gültigkeit mit einem Stück Kreide, das auf dem Tisch gelegen, einen Strich neben den andern malte. Die drei Menschen wußten, daß entscheidende Worte fallen sollten, und
Jeder wollte dem Andern den Eingang dazu überlassen.

Bring' doch ein Glas Wein für Lucia! sagte Tommaso
jetzt, ohne die Schwester anzublicken. — Teresa spann eifrig
fort. Die Fremde sprach nach einigem Zaudern:

Lasset den Wein; ich habe nicht lange Zeit zu bleiben.
Der Abend sinkt herein und mein Boot wartet auf mich an
der Marina von Carotta; denn ich will auf die Nacht nach
Neapel zurück. Wie lange haben wir uns nicht gesehn!
Warum kommt Ihr nie nach Neapel herüber, Teresa? Der
Winter muß hart sein hier in der Schlucht.

Keine Zeit ist mir hart mit meinem Bruder zusammen,
entgegnete das Mädchen. Und was hab' ich in Neapel zu
suchen? Es zieht mich zu Niemand dort, zu Niemand.

Wieder schwiegen sie alle. Endlich wandte der Mann sich
nach der Schwester und sagte ruhig: Hast du dem Thier den
Stall gemacht für die Nacht, Teresa?

Sie zuckte zusammen, denn sie verstand den Wink. Aber wie sie aufsah, erkannte sie an seinem festen Blick, daß es des Bruders Wille war; sie stellte rasch den Spinnrocken weg, verließ das Gemach, und man hörte sie draußen absichtlich laut an der Gitterthür des Stalles sich zu thun machen, um jeden Verdacht, als ob sie horche, abzuschneiden.

Dem Deutschen auf seinem Lauerposten schlug das Herz, als er die Beiden nun allein einander gegenüber sah. Ob= wohl die Vergangenheit dieser Menschen ihm nur zur Hälfte offen lag, wußte er doch genug, um eine Scene der seltsam= sten Art vorauszufühlen. Er sah bald den Mann, bald die schöne Frau am Fenster an, und seine eigne Lage wurde immer peinlicher, wenn er sich sagte, daß die Worte, die auf Beider Lippen schwebten, für keines andern Menschen Ohr bestimmt sein konnten. Einen Moment dachte er daran, sich in die entfernteste Ecke der Mühlenkammer zurückzuziehen.

Aber jeder Schritt konnte ihn verrathen, und so mußte er stehen bleiben, wo er stand.

Das Schweigen drinnen dauerte noch eine kurze Zeit. Dann sagte Lucia:

Eure Schwester haßt mich, Tommaso; was habe ich ihr zu Leide gethan.

Der Bruder zuckte die Achseln.

Seht, fuhr sie fort, es hat mir oft keine Ruhe gelassen, wenn ich dachte, daß sie es vielleicht allein ist, die Euch so fern von uns gehalten hat. Sie gönnt es Keinem, daß ihr nur ein Wort an ihn richtet. Sie allein will Euch haben.

Ihr irrt, sagte er trocken. Ich hatte meine eignen Gründe, daß ich aus Neapel fortging.

Ich weiß, Tomà, ich weiß. Es begreift ein Kind, daß Ihr
damals die Lust am Meere verlort, nach jenem Unglück.
Aber sie wäre schon wiedergekommen, wenn Teresa Euch
nicht zugeredet hätte, Euch hier in der Wildniß und Oede
einzuschließen. Erleben wir nicht alle unsre Schicksale und
müssen doch aushalten unter den Menschen? Kommt das
Unglück nicht vom Himmel? Und darf es uns so versteinern,
daß wir die Menschen hassen, die doch nichts dafür können?
Nichts dafür können? Das ist die Frage.

Sie sah ihn durchdringend an. Ich versteh' Euch nicht,
Tomà. Ich verstehe Vieles nicht mehr, seit Ihr fort seid.
Warum habt Ihr mir auf die Briefe nicht geantwortet, die
ich Euch durch Angelo, den Bauern, geschickt habe? Er sagte
mir doch, er habe sie Euch allein übergeben, beide; sonst
könnte ich denken, Teresa habe Euch das Antworten ver=
wehrt.

Die Briefe? Ich habe sie verbrannt.

Und was antwortet Ihr jetzt darauf?

Lucia, ich habe kein Wort gelesen, das darin stand.

Sie zuckte zusammen. Er aber fuhr fort:

Euer Mann ist gestorben, wie mir Angelo sagte; er thut
mir leid, er war ein Galant'uomo, und das Unrecht, daß ich
gegen ihn auf dem Herzen habe, brennt mich noch heut. Ihr
seid jung und schön, Lucia; Ihr werdet bald einen Andern
finden, einen Jüngeren. Seid glücklich mit ihm.

Damit warf er das Stück Kreide fort und ging, die
Hände auf den Rücken gelegt, durch das Zimmer. Sie
folgte seinen Bewegungen mit ängstlicher Spannung. End=
lich sagte sie:

Weiß Teresa, daß ich Wittwe geworden?

Sie erfuhr es erst eben aus Eurem schwarzen Kleid. Wir haben die vier Jahre her Euren Namen zwischen uns nicht genannt.

Wenn Ihr die Briefe nicht gelesen habt, so wißt Ihr auch nicht, daß mein Mann Euch dreihundert Piaster vermacht hat; Ihr müßt aber selbst nach Neapel kommen, sie beim Gericht abzuholen, wo sie für Euch niedergelegt sind.

Sie können dort liegen bleiben bis an den jüngsten Tag, sagte er ohne sich zu besinnen, wenn Ihr nicht vorzieht, sie den Armen zu geben. Ich hole sie nicht, auch wenn ich sie nöthiger brauchte, als Gottlob der Fall ist. Geld von Eurem Manne, Lucia! Lieber verhungern!

Wie redet Ihr? sprach sie leise, mit einer Stimme, die von Bestürzung zitterte. Wie soll ich dieses Alles deuten? Es war sonst anders zwischen uns, Tommaso!

Um so schlimmer, daß es anders war! —

Sie stand von ihrem Sitz auf, that einige Schritte auf ihn zu und suchte mit scheuen Augen die seinigen. Die aber bohrten sich fest in die Platte des Tisches, hinter den er wieder getreten war, als suche er etwas Fremdes zwischen sich und das schöne Weib zu bringen, zum Schutz gegen ihre Reize. Sie hatte die rechte Hand fest unter die volle Brust gelegt, der Deutsche sah durch die Wandspalte die blauen Adern auf dem runden Arm und wie die schmalen Finger bebten an dem klopfenden Herzen,

Was habe ich Euch gethan, Tomà? sprach sie kaum hörbar. Hat man mich verleumdet bei Euch, so sagt es mir, Alles, und ich will meine Finger auf die Hostie legen und schwören, daß ich mir keiner Schuld bewußt bin. Wie eine Begrabene hab' ich gelebt mit meinem Manne, seit Ihr fortgegangen, und Niemand kann aufstehn und sagen, daß die Wirthin der Sirena ihm einen Blick oder ein Lächeln gegönnt hat.

Das ist Eure Sache und war die Sache des Todten. Warum kommt Ihr her und sagt das m i r ?

Große Thränen traten ihr ins Auge, als sie die harten Worte hörte, und er fühlte es wohl, wie tief der Schlag getroffen hatte, obwohl er sie noch immer nicht ansah. Dann sagte er nach einer Weile:

Was hilft es, daß wir durch die Maske sprechen, und ~~unsre~~ Stimmen verstellen? Gerade heraus, Lucia: Du bist gekommen, um mir zu sagen, daß du nun frei seiest und Niemand im Wege stehe zwischen uns Beiden. Aber ich sage dir, es steht doch Einer zwischen uns, und wir sind verdammt, für unsere Sünden ewige Flammen zu fühlen und ewig getrennt zu sein.

So entschieden er sprach, so lebte doch die Hoffnung wieder auf in ihr. Für unsere Sünden? sagte sie rasch. Was haben wir uns vorzuwerfen? Hat es mir je eine andere Frucht getragen, daß wir uns liebten, als Seufzen und Weinen aus der Ferne? Wenn ich jetzt an deinen Hals stürzen dürfte, wäre es nicht unser erster Kuß? Aber wohl weiß ich, wer zwischen uns steht, Tommaso: — deine Schwester.

Er schüttelte heftig den Kopf. Nein! nicht sie! Aber frage mich nicht, und denke nicht, daß du ihn jemals aus dem Wege räumen kannst, unsern Feind; er ist keiner von den Lebenden. Geh nach Neapel zurück, Lucia, und komm nie wieder herauf nach der Mühle. Ich will, ich darf dich nicht wiedersehen.

Sie trat dicht an den Tisch heran, ihm gegenüber, daß ihn die heftige Bewegung selbst erschütterte und er plötzlich aufsah. Alle Schrecken einer verzweifelnden Leidenschaft standen ihr im Gesicht. Ich gehe nicht, sagte sie mit gewaltsamer Festig= keit, oder ich muß Alles wissen. Tommaso, mein Mann ist todt, Nino schläft lange in seinem Grab, deine Schwester soll in meinem Hause sein wie die Herrin und ich wie die Magd; bei dem ersten bösen Wort von mir zu ihr magst du mich ausstoßen, als hätt' ich Feuer unter dein Dach gelegt; und du sagst — und ich seh' es — daß dein Herz noch nicht verwandelt ist: wer steht noch zwischen uns, Tommaso?

Der Tisch zitterte, auf den der junge Mann sich stützte. Ich will es dir sagen, keuchte er dumpf heraus; aber dann geh und frage nicht weiter. Nino steht zwischen uns!

Du betrügst mich, antwortete sie. Du willst meine Ge= danken von Teresa ablenken, damit ich es ihr nicht eines Tages vergelte, was sie mir angethan. Du wirst es noch einmal bereuen, daß du mit mir Aermsten gespielt hast und mich dann weggeworfen. Und auch sie, auch sie soll die Unnatur büßen, dich hier vor der Sonne versteckt zu halten, wie der Geizige seinen Schatz. Ich gehe.

Bei Christi Blut, Lucia, ich betrüge dich nicht. Es ist wahr, meine Schwester hat dir eine Sache nie verziehen. Aber das ist es nicht — und du weißt nicht, wie ich es meine, wenn ich sage: Nino steht zwischen uns! Niemand weiß es, Teresa am wenigsten. Sie stürbe, wenn sie es wüßte.

Und wenn ich es wüßte?

So würden dir alle Gedanken an den elenden Tommaso vergehen, und du würdest den Weg zur Mühle nicht wieder= finden.

Er bedeckte sein Gesicht mit den Händen.

Du irrst, sagte sie, das kann nie geschehen. Es ist ein Wahn, was zwischen uns liegt, und ich werde ihn wie einen Rauch wegblasen, wenn du ihn mir zeigst. Wo nicht, so finde ich keine Ruhe Tag und Nacht, und übers Jahr hörst du, daß du mich ins Grab gestürzt hast.

Er schauderte in sich zusammen und schien einen letzten Kampf zu kämpfen. Dann sah er sie trostlos, glühend, starr und lange an und sprach: Es muß a u s werden, ich will die verzehrende Qual, dich zu sehen und dir zu entsagen, nicht zum zweiten Mal zu überstehen haben. Schwöre mir bei deiner Seligkeit, Lucia, daß du Niemand sagen willst, was noch Niemand von mir gehört hat und was du nun hören sollst. Auch in der Beichte und im Sterben komme das Wort nicht über deine Lippen. Es ist nicht, weil es mir selbst zum Verderben wäre, wenn die Menschen es wüßten; aber Teresa überstünde es nicht. Schwöre, Lucia!

Sie erhob die Hand. Bei unserer Seligkeit schwöre ich dir's zu, Tommaso, Niemand soll es wissen außer mir und dir.

Er seufzte tief auf und warf sich in einen Stuhl, die Arme auf die Knie stützend und den Boden zu seinen Füßen an= starrend. Lucia, sprach er halblaut, ich habe die Wahrheit gesagt, Nino steht zwischen uns, jetzt im Tode, wie damals im Leben. Er war rein und unschuldig wie Abel, und auch ihm zur Seite stand ein Kain. Kain floh in die Wildniß; begreifst du's nun?

Sie schwieg.

Du hast Recht, fuhr er fort. Wer kann es begreifen? Aber es kommen Stunden, wo die Hölle Macht hat über uns, daß es ist, als säße ein frember Geist in unserer Brust, und knebelte alle rechtschaffenen Gedanken, und nur die teuflischen ließe er frei, zu thun, was sie wollten. Haben wir's dann gethan, was hernach das Ende davon ist? — Das soll mir einmal ein Pfaffe auslegen, das weiß Keiner!

Wie ich den Jungen geliebt habe! Ermordet hätt' ich den Wahnwitzigen, der mir ins Gesicht nur mit einem Hauche schlecht von ihm gesprochen hätte! Wenn ich ihn singen hörte, vergaß ich alle Sorgen; wenn er in mein Haus kam, wurde es helle darin. Einem eigenen Sohn oder Bruder kann man nicht mehr anhängen. Stolz war ich auf ihn. Als Neapel von seiner Stimme zu reden anfing, sagt' ich wie ein Narr zu den Leuten: das ist u n s e r Nino, mein alter Spielkamerad! und wußte mir was damit, als hätte ich ihm die Stimme aus dem Meer gefischt und geschenkt. Und wie war er zu mir! Da er schon berühmt war und bei Prinzen und Grafen sang und die stolzen Damen sich um einen seiner Blicke beneideten, — er kam nach wie vor in unser Haus am Strande und war am liebsten mit uns, und manchesmal, wenn ich ihm auf dem Toledo begegnete, mein Netz über der Schulter, ließ er einen andern Bekannten stehn, und faßte meinen Arm und ging eine Strecke mit mir. Niemand war so holdselig; kein Falsch in ihm, kein Sündhaftes. Er hätte alle Weiber in Neapel haben können, aber er gab keine Feige dafür. Ich habe ihn oft darum ausgelacht; ich wußte demals noch nicht, wer ihm das Herumlieben verleidete.

Nur ein Böses hat er mir gethan, daß er mich zu seinem
Onkel ins Haus führte, als der brave Alte von Capua nach
Neapel zog und die Sirena kaufte. Kam er nicht vor
Allem, um sich an Nino's Glück zu freuen, das sein Werk
war? Warum mußte er kommen und Euch mitbringen,
Lucia! Seit der Stunde schon verlor ich Nino, der Himmel
weiß, nicht durch seine Schuld. Aber wer konnte ihm darum
gram werden, außer mir und Euch, daß er die Ehre seines
Wohlthäters bewachte?

Es war ihm nie eingefallen sonst, mir Vorwürfe zu machen
über meine Liebeshändel, obwohl er auch keinen sonderlichen
Gefallen daran hatte, wenn ich ihm von der oder jener Frau
sprach, die mich gerade im Netz hatte. Er war unschuldig,
wie der Erzengel Rafael; aber er kannte auch die Welt und
wußte, daß nicht alle waren wie er, und war fern davon, die
Menschen ändern zu wollen. Auch als er bald merkte, wie
es um uns stand, Lucia, — nie kam ein Wort über seine
Lippen. Ihr aber wißt wohl, daß er es allein war, der all
unsere Listen und Anschläge vereitelte. Ich schäumte in mir;
hundertmal schwor ich mir, sobald ich ihn wiedersähe, ihm
alle Freundschaft aufzukündigen, wenn er ferner Eure Schwelle
bewachte, eifersüchtiger als der Onkel selbst, als ein Bruder,
oder ein Verliebter. Denn er liebte Euch nicht, und kein
Neid auf mich war mit im Spiel. Sah ich ihn dann,
so zerbiß ich mir die Lippen, aber sagte kein Wort, und fast
wurde die Raserei nach Euch gelinder in mir, wenn ich jene
Stimme hörte.

Es schien, er las mir alle meine Gedanken in der Brust.
Vielmals redete er mit mir vom Onkel, wie gut er sei, wir

harmlos, und wie viel der Alte an ihm gethan habe. Er
sah mich dann zutraulich an, als wollte er sagen: Nein,
Tomà, es ist nicht möglich, daß du einen Mann betrübst,
dem dein Freund Alles zu danken hat. Und ist er nicht
auch gegen dich die Güte, das Vertrauen selbst?

Ich verstand ihn wohl; aber wenn ich Euch dann begegnete, verschlang mir die Wuth der Liebe alle Vorsätze, alle
Bedenken. Mein Gewissen verdorrte wie ein Baum neben
der fließenden Lava. Und ein Jahrlang so herumzugehen,
ich, der nie über eine Frist von vierzehn Tagen hinaus sich
zu gedulden gelernt hatte! Schon Einmal, als der Onkel
nach Ischia gefahren war, Ihr entsinnt Euch, und wir auf-
athmeten, er aber sich ein Zimmer in der Sirena ausbat,
um Noten abzuschreiben, weil der Lärm in seiner eigenen
Wohnung ihn störe — schon damals hatt' ich finstre Gedanken. Ich wollt' ihm was unter den Wein mischen, was mir
ein Bekannter gegeben; es sollte einen Menschen vierund-
zwanzig Stunden lang in Schlaf bringen. Dann aber
entsetzte ich mich. Wenn es ein Gift wäre? Oder es scha-
dete ihm an seiner Stimme? Ich that es nicht, aber es
blieb ein Stachel in mir zurück gegen ihn, und von Stund
an wich ich ihm aus, denn sein Anblick verdroß mich, als
wenn er mir nach dem Leben gestanden hätte.

So kam der Tag näher, wo er zum ersten Mal in der
Oper singen sollte. Was wir für jenen Abend abgeredet hatten, Lucia, Ihr wißt es wohl. Hätte ich Euch nicht gekannt,
— mein Haus hätte indessen abbrennen können, und ich
wäre vor dem letzten Ton, der Nino's Triumph sein sollte,
nicht von meinem Platz im Theater gewichen. Nur war all

mein Sinnen nur darauf gerichtet, was mich erwartete, wenn ich nach dem ersten Akt mich fortschliche in die Sirena, wo Ihr die Kranke spielen wolltet, um nicht mit dem Onkel in die Oper zu müssen.

Da kam er am Abend vorher, wie Ihr wißt, und beredete mich, ihn mit aufs Meer zu nehmen. Welcher Engel oder Teufel hatte ihm unser Geheimniß zugeraunt? denn er wußte es, und kaum daß wir allein auf der See zusammen waren, sagte er mir's ins Gesicht, das erste Mal, das er mich offen zur Rede stellte. Ich läugnete Alles. Tomà, sagte er, wenn du mir nicht versprichst bei unserer alten Freundschaft, davon abzustehen, so ist es mein Unglück. Ich werde singen wie eine Rabe, sie werden mich auszischen, und Alles, was ich je gehofft habe, wird für immer dahin sein. Mein Bru=der, sagte er, ich fordere es von dir! Ich könnte ja hingehen und den Onkel warnen. Aber er wüßte dann, welche Frau er hat, und wenn ich auch deinen Namen nicht nennte, wä= ren wir doch ewig geschieden, du und ich. Versprich mir's also; das eine Opfer kann ich dir wohl werth sein. — Ich schwieg hartnäckig und sah nach den Netzen, und hörte zuletzt gar nicht mehr, was er redete, denn Euer Bild stand vor mir, Lucia, und das Blut tobte mir in den Schläfen.

Eine Stunde nachher kam ich allein im Boot nach der Küste zurück. — —

Die letzten Worte verhallten dunkel und tonlos, und die beiden Gestalten, er auf seinem Sitz, das Gesicht immer tiefer zwischen den Knieen herabgesunken, die Frau bleich wie eine Todte, verharrten so wie Bilder, während es dunkler im Zimmer ward und draußen durch das Rauschen des Bachs

Teresa's Stimme erklang, die ein Ritornell anstimmte, wie
um den Bruder zu erinnern, daß er ihr die Pein des War-
tens nicht ohne Noth verlängern solle. Und in der That
weckte die Stimme den versunkenen Mann. Er erhob sich
vom Sessel und neigte sich über den Tisch dichter zu dem
regungslosen Weibe.

Nein, Lucia, sagte er heiser, ich habe damals nicht gelogen.
Das Netz zog ihn in die Tiefe, seine Füße verstrickten sich,
nicht i ch habe den Kahn umgestoßen; aber das ist nicht Alles.
Ich saß noch am Steuer, als er schon hinuntergestürzt war. Ei-
sig war mein Gebein, meine Augen stierten auf den Strudel
neben mir, der sich über seinem Haupt geschlossen hatte, ich
sah die Blasen aufsteigen, als wollten sie mir zurufen: er
athmet noch da unten ! Und jetzt, jetzt tauchte eine seiner
Hände über den Wellen auf und haschte nach einer festen
Hand seines Freundes, eine Bootslänge nur sah ich sie von
mir entfernt — ein silberner Ring glänzte am kleinen Finger in der Sonne — nur das Ruder hätt' ich hinzustrecken
brauchen und er war gerettet, Lucia! Wollte ich ihn denn
nicht retten? mußte ich es nicht wollen? hielt ich nicht das
Ruder auf den Knieen, und nur einen Ruck des Armes und
die Hand mit dem Ring hätte sich darum festgeklammert?
Aber da saß der Dämon in meiner Brust und lähmte mir
jede Faser und verstockte mir jeden Blutstropfen ; wie vom
Schlage gerührt saß ich fest, mir schwindelte, zu schreien versucht' ich — und immer stierte ich auf die Hand — und die
Hand sank, jetzt bis an den Ring, jetzt bis an die Finger-
spitzen, und jetzt — war sie versunken.

Erst da ließ mich die Hölle los ; ich schrie wie ein Toller, ich sprang über Bord, daß der Kahn umschlug und tauchte hinab, und wieder auf, und wieder hinab, und fand ihn nicht, obwohl ich sonst hundertmal eine kleine Münze vom Meeres= grund heraufgeholt habe, und schwamm endlich wieder zu meinem Boote zurück, die Verzweiflung im Herzen. Aber das Maß war noch nicht voll. Wie ich nach Hause kam ohne ihn, brach meine Schwester am Herd zusammen wie eine verlö= schende Flamme; der Ring am Finger jener Hand, die aus den Wellen gestarrt hatte, war i h r Ring. Tags zuvor hatte sie ihn mit dem seinigen getauscht, ohne daß ich es wußte.

Er warf sich wieder in den Stuhl zurück und kehrte das Gesicht mit geschlossenen Augen gegen die Decke. Der Lau= scher in der Mühlenkammer hörte ihn lange wie einen schwer Schlafenden röcheln aus der gepreßten Brust, während das unglückliche junge Weib sich mehrmals mit der Hand über die Stirne fuhr, die kalten Tropfen wegzuwischen. Das Furchtbare, das sie vernommen, hatte ihre Züge, die weich und sinnlich waren, geadelt; sie war schöner als zuvor, aber sie dachte nicht mehr daran.

Zuletzt schien Tommaso wie aus einem Halbschlummer aufzuwachen. Seid Ihr noch hier, Lucia? sprach er hastig. Was wollt Ihr noch von Tommaso? Seht Ihr sie nicht auch zwischen uns, die Hand mit dem silbernen Ring, die überall vor mir auftaucht und gen Himmel weist? Wenn wir am Altare stünden und Ihr strecktet mir Eure Hand mit dem Goldreif entgegen, das Haar würde mir aufstehen, meine Augen sich verwirren, Gold wie Silber, Lucia's Hand wie Nino's scheinen, und Teufel mich aus der Kirche peit= schen. — Geht heim, Lucia; vergeßt dies Alles, haltet Euern Schwur und betet für Tommaso!

Damit stand er auf und trat an den Herd. Der Deutsche sah, wie sie heftig zitterte. Wird es nie anders werden? hauchte sie endlich hervor. — Er schüttelte nur, ihr abgewandt stehend, die Locken und machte mit dem Zeigefinger die Geberde des Verneinens.

So behüte Euch Gott, Tomà; so gieße die Madonna Trost in Euer Herz und Schlaf zu Nacht auf deine Augen, Tomà, und — auf die meinen — die ewig nach dir weinen werden! Ich danke dir, daß ich Alles weiß; ich könnt' es sonst nicht tragen, daß wir uns verloren haben. Ich danke dir, daß du mich noch liebst; verlern' es nicht, es ist Alles, was ich noch habe! — —

Er sah nicht mehr nach ihr um, sah die Thränenfluth nicht, die ihr still aus den Augen stürzte, nicht das Winken mit beiden Händen zum Abschiedsgruß und ihr gewaltsames Sichabwenden um zu gehen. Sie ließ die Thür offen hinter sich, und die Schwester, die gleich nach dem Abschied hereinstürzte, fand ihn noch wie vorher am Herd. Tomà! rief sie mit dem wildesten Schluchzen und Jauchzen und schlang die Arme um den stillen Mann, du hast ihr abgesagt, du bist mein, wir bleiben unser! — Jetzt erst sah sie die tiefe Bläße auf seinem Gesicht und erschrak. Wehe! rief sie, so tief ging es dir ans Leben? Nein, Tomà, das nicht, das sollst du nicht für mich thun. Noch erreicht sie deine Stimme; rufe sie zurück, mein Bruder, sage ihr —

Still, Kind! unterbrach er sie fest und zwang ein Lächeln auf seinen Mund, während die Augen mit der schmerzlichsten Innigkeit auf ihre Stirne niederblickten. Es ist vorbei und zu Ende. Ich bringe kein Opfer. Wärest du vor die

Jahren aus der Ohnmacht nicht wieder aufgelebt, ich hätte dennoch zu ihr gesprochen, wie ich gethan. — Es wird bald Nacht sein. Ich will noch einen Gang in die Schlucht hinauf machen und sehen, wie es oben steht mit dem Mühl= bach. Ich sehe dich noch vor Schlafengehn, meine Schwester, meine Teresa! Morgen ist ein neuer Tag.

Er küßte sie auf die Stirn und verschwand durch die Thür, die nach der Wiese ging.

Erst eine geraume Weile später wagte der Fremde die Thür der Mühlkammer zu öffnen. Teresa erschrak, als er zu ihr trat; sie hatte seine Nähe, wie es schien schien, völlig vergessen. Ihr habt Alles gehört, sagte sie ernsthaft; besorgt nicht, daß ich Euch ausfrage. Tommaso wollte nicht, daß ich es höre; das ist mir genug. Wo lebt auf Erden ein Bruder wie er? Sagt, ob mein Loos nicht zu beneiden ist! O Tommaso!

Er nickte stumm und reichte ihr die Hand. Gute Nacht, Teresa, sagte er. Ich brauche Euch nicht zu bitten, daß Ihr es Eurem Bruder niemals sagt, wer seinem Gespräch mit Lucia zugehört hat. Es könnte ihm doch nur ein verhaßter Gedanke sein, daß ein Fremder Zeuge war, wo die eigene Schwester ausgeschlossen blieb.

Nie soll er es erfahren, erwiederte sie feierlich. Einen Bruder wie ihn zu betrüben, — wie käme mir das in den Sinn, für die er sein Leben gäbe! —

Er mußte sich abwenden, um nicht zu verrathen, wie furchtbar ihre arglose Hingebung an Den, der ihr das Theuerste entwendet hatte, ihm durchs Herz schnitt. Worte des innigsten Antheils schwebten ihm auf der Zunge; er unterdrückte sie, denn sie erwartete Glückwünsche von ihm und das Zeugniß, daß ihr Loos beneidenswerth sei. Er sah den silbernen Ring an ihrem Finger und an der Wand drüben das Bild des Todten, und sagte sich: dies sieht Tommaso Tag für Tag und muß leben und dulden, daß die Schwester ihn liebt! —

Teresa, sagte er, erhalte dir Gott den Frieden, den du gerettet hast. Leb wohl! Ich nehme dein Bild mit hinweg, anders als ich dachte, aber unvergänglicher! —

Sie redeten nicht viel auf dem Wege die Schlucht hinab, den er wieder auf dem Rücken des Thiers zurücklegte. Als er sich unten von ihr getrennt hatte, stand er noch lange und sah nach der Mühle hinauf und ließ sich von der Kühle des Bachs seine heiße Stirn umwehn. Die Nacht brach herein. Er konnte noch nicht den Heimweg suchen; seine Gedanken trieben ihn weit über die Höhen auf wechselnden Pfaden. Als er einen Felsenabhang erstieg, der sich schroff ins Meer vorstreckte, gewahrte er am äußersten Rande eine männliche Gestalt, der die Locken im Winde ums Haupt flatterten. Der Mann spähte unverwandt über das Meer hinaus, wo in der Richtung von Carotta nach Neapel ein winziges Boot tief unten das Segel blähte. Er glaubte den Einsamen dort oben zu erkennen und zu wissen, wer in dem Boote saß, und in tiefer Bewegung schlug er den nächsten Pfad ein, der ihn zu den Wohnungen glücklicher Menschen hinunter führte. Die Muse, nach deren Anblick er über Tag vergebens geseufzt hatte, war ihm erschienen. Aber das Antlitz, das sie ihm zeigte, war streng und ehern und scheuchte bis weit über Mitternacht den Schlaf von seinem Haupte.

GERMAN TEXT-BOOKS

HENRY HOLT & CO., NEW YORK.

These books are bound in clóth unless otherwise indicated.

———————

Grammars and Exercise Books.

Blackwell's German Prefixes and Suffixes. By J. S. BLACKWELL, Professor in the University of Missouri. 16mo. 187 pp.

Huss's Oral Instruction in German. By H. C. O. HUSS, Professor of Modern Languages in Princeton College. 12mo. 230 pp.

Joynes-Otto First Book in German, The. For young pupils. By EMIL OTTO. Revised by EDWARD S. JOYNES, Professor in the South Carolina College. 12mo. 116 pp. Boards.

Joynes-Otto Introductory German Lessons, The. New edition, with full vocabularies. By Prof. EDWARD S. JOYNES. 12mo. 252 pp.

Keetels's Oral Method with German. By JEAN GUSTAVE KEETELS. 12mo. 371 pp.

Otis's Elementary German. By CHARLES P. OTIS. 16mo. 332 pp.

Otto's German Conversation Grammar. By Dr. EMIL OTTO. New edition, revised, and in part re-written, by WM. COOK. 12mo. Half roan. 591 pp.

Otto's Translating English into German. By Dr. EMIL OTTO. Edited by Prof. RHODES MASSIE and Prof. EDWARD S. JOYNES. 12mo. 167 pp.

Spanhoofd's Deutsche Grammatik. By A. W. SPANHOOFD, teacher in St. Paul's School, N. H. 16mo. 187 pp.

Wenckebach und Schrakamp's Deutsche Grammatik für Amerikaner. By CARLA WENCKEBACH, Professor in Wellesley College, and JOSEPHA SCHRAKAMP. 12mo. 291 pp.

Whitney's Compendious German Grammar. By WM. D. WHITNEY, Professor in Yale University. 12mo. 472 pp. Half roan.

Whitney's Brief German Grammar, based on the author's "Compendious German Grammar." By WM. D. WHITNEY. 16mo. 143 pp

Whitney-Klemm German by Practice, The. By Dr. L. R. KLEMM. Edited by WILLIAM D. WHITNEY. 12mo. 305 pp.

Natural Method and Conversation Books.

Game of German Conversation. By Mme. F. JEFF TENSLER.

Heness's Der Neue Leitfaden. Beim Untericht in der deutschen Sprache. By GOTTLIEB HENESS. 12mo. 403 pp.

Heness's Der Sprechlehrer unter seinen Schülern, von GOTTLIEB HENESS. 12mo. 187 pp.

Kaiser's Erstes Lehrbuch. Von HEINRICH C. KAISER, Ph.D. 12mo 123 pp.

Pylodet's German Conversations. By L. PYLODET. 18mo. 273 pp.

I

Schrakamp und Van Daell's Das Deutsche Buch. By A. N. VAN DAELL, and JOSEPHA SCHRAKAMP. 12mo. 144 pp.

Sprèchen Sie Deutsch ? 18mo. 147 pp. Boards .

Stern's Studien und Plaudereien. First Series. By SIGMON M. STERN, Director of Stern's School of Languages. 12mo. 262 pp.

Stern's Studien und Plaudereien. Second Series. By SIGMON M. STERN and MENCO STERN. 12mo. 380 pp.

Wenckebach's Deutscher Anschauungs-Unterricht. By CARLA and HELENE WENCKEBACH. 12mo. 451 pp.

Williams's German Conversation and Composition. By ALONZO WILLIAMS, A.M., Professor in Brown University. 12mo. 147 pp.

Reading Books.

Fouqué's Undine. With introduction, notes, and vocabulary, by H. C. G. VON JAGEMANN, Professor in the Indiana University. 190 pp.

Hey's Fabeln für Kinder. Illustrated by OTTO SPECKTER. With vocabulary. 12mo. 52 pp. Boards.

Joynes-Otto Introductory German Reader, The. By Dr. EMIL OTTO. With notes and vocabulary by Prof. EDWARD S. JOYNES. 12mo. 282 pp.

Klemm's Lese- und Sprachbuecher. In Sieben Kreisen. By Dr. L. R. KLEMM.

Klemm's Abriss der Geschichte der Deutschen Literatur. Kreis VIII. 12mo. 385 pp.

Otis's Grimm's Maerchen. Selected and edited with introduction, notes, and vocabulary, by CHARLES P. OTIS. 151 pp.

Otto's German Reader. By Prof. E. P. EVANS. 12mo. 239 pp. Half roan.

Schrakamp's Erzaehlungen aus der Deutschen Geschichte. By JOSEPHA SCHRAKAMP. 12mo. 286 pp.

Simonson's German Ballad Book. Prepared by Prof. L. SIMONSON, of the Hartford (Ct.) High School. 12mo. 304 pp.

Storme's Easy German Reading. By G. STORME. 16mo. 356 pp.

Wenckebach's Deutsches Lesebuch. By CARLA and HELENE WENCKEBACH. 12mo. 316 pp.

Wenckebach's Die Schoensten Deutschen Lieder. By CARLA and HELENE WENCKEBACH. 12mo. 363 pp.

Whitney's German Reader. By WILLIAM D. WHITNEY, Professor in Yale University. 12mo. 523 pp. Half roan.

Whitney-Klemm Elementary German Reader, The. By Dr. L. R. KLEMM. Edited by Prof. W. D. WHITNEY. 12mo. 237 pp.

Dictionary.

Whitney's Compendious German Dictionary. (German-English and English-German.) By WILLIAM D. WHITNEY. 8vo. 900 pp.

A complete catalogue and price-list of Henry Holt & Co.'s educationai publications will be sent on application.

2

Whitney's German Texts.

Selected and annotated under the general editorship of Professor WILLIAM D. WHITNEY. 16mo. Cloth.

Goethe's Iphigenie auf Tauris. With an introduction and notes by FRANK· LIN CARTER, President of Williams College. 113 pp.

—— **Faust. I. Theil.** With an introduction and notes by WILLIAM COOK, late Professor in Harvard University. 220 pp.

Lessing's Minna Von Barnhelm. With an introduction and notes by W. D. WHITNEY, Professor in Yale University. 138 pp.

—— **Nathan Der Weise.** With an introduction and notes by H. C. G. BRANDT, Professor in Hamilton College. 158 pp.

Schiller's Wilhelm Tell. With an introduction and notes by A. SACHT· LEBEN, Professor in the College of Charleston, S. C. 199 pp.

—— **Maria Stuart.** With an introduction and notes by EDWARD S. JOYNES, Professor in South Carolina College. 222 pp.

Student's Collection of Classic German Plays.

12mo. Paper.

Goethe's Hermann und Dorothea. With notes by E. C. F. KRAUSS. 99 pp.

—— **Egmont.** Edited by Professor WILLIAM STEFFEN. 113 pp.

Koerner's Zriny. With an introduction and notes by EDWARD R. RUGGLES, Professor in Dartmouth College. 126 pp.

Lessing's Emilia Galotti. With notes. 82 pp.

—— **Minna Von Barnhelm.** In English, with notes to aid in translating back into German. 123 pp.

Schiller's Der Neffe Als Onkel. With notes and a vocabulary by A. CLEMENT. 99 pp.

—— **Jungfrau Von Orleans.** Edited by Rev. A. B. NICHOLS, late Instructor in German in Yale University. 203 pp.

—— **Wallenstein's Lager.** With notes by E. C. F. KRAUSS. 60 pp.

—— **Die Piccolomini.** With notes by E. C. F. KRAUSS. 139 pp.

—— **Wallenstein's Tod.** With notes by E. C. F. KRAUSS. 210 pp.

—— **Wallenstein,** complete in one volume. Cloth.

College Series of German Plays.

12mo. Paper.

Einer Muss Heirathen, by WILHELMI; and **Eigensinn,** by BENEDIX. With notes. 63 pp.

Three German Comedies. I. Er ist Nicht Elfersuechtig, by ELZ; **II. Der Weiberfeind,** by BENEDIX; **III. Im Wartesalon Erster Classe,** by MUELLER. With notes. 24 pp.

Der Bibliothekar (The Private Secretary). By GUSTAV VON MOSER. With notes by FRANZ LANGE, Ph.D. 162 pp.

Die Journalisten. By GUSTAV FREYTAG. With notes by FRANZ LANGE. 178 pp.

Zopf und Schwert. By GUTZKOW. With notes by FRANZ LANGE. 172 pp.

Englisch. By GOERNER. With notes by A. H. EDGREN, Professor in the Uni· versity of Nebraska. 61 pp.

Badekuren. By PUTLITZ. With notes. 69 pp.

Das Herz Vergessen. By PUTLITZ. With notes. 79 pp.

Stern's Selected German Comedies.

Selected and Edited by Professor S. M. STERN. 12mo. Paper.

Ein Knopf. By JULIUS ROSEN. 41 pp.
Der Schimmel. By G. VON MOSER. 55 pp.
Sie Hat Ihr Herz entdeckt. By WOLFGANG MUELLER VON KOENIGSWINTER. 79 pp.
Simson und Delila. By EMIL CLAAR. 55 pp.
Er Sucht Einen Vetter. By JUNGMAN. 49 pp.
Er Muss Tanzen. By C. A. PAUL. 51 pp.
Gaenschen Von Buchenau. By W. FRIEDRICH. 59 pp.

German Plays for Children.

Kinder Comoedien. By various authors. Edited and annotated in German by Professor TH. HENESS. Five plays in one volume. 12mo. 141 pp.

Unterhaltungs Bibliothek.

12mo. Paper.

Andersen's Bilderbuch Ohne Bilder. With notes and vocabulary by Professor L. SIMONSON of the Hartford (Ct.) High School. 104 pp.
Die Eisjungfrau u. Andere Geschichten. With notes by E. C. F. KRAUSS. 150 pp.
Auerbach's Auf Wache. Von BERTHOLD AUERBACH; Der Gefrorene Kuss. Von OTTO ROQUETTE. The two in one volume. With introduction and notes by A. A. MACDONELL. 126 pp.
Carove's Das Maerchen Ohne Ende. With notes. 45 pp.
Eichendorff's Aus Dem Leben Eines Taugenichts. 132 pp.
Ebers's Eine Frage. With introduction and notes by F. STORR. 117 pp.
Fouqué's Undine. With a Glossary of the principal words and phrases. 129 pp. *See also Jagemann's edition under Reading Books.*
—— **Sintram und Seine Gefaehrten.** 114 pp.
Grimm's Die Venus von Milo; Rafael und Michel-Angelo. 139 pp.
Grimm's Kinder- und Hausmaerchen. With notes. 223 pp. *See also Otis's edition under Reading Books.*
Hauff's Das Kalte Herz. 61 pp.
Heine's Die Harzreise. With introduction and notes. 97 pp.
Heyse's Anfang und Ende. 54 pp.
—— **Die Einsamen.** 44 pp.
Hillern's Hoeher als Die Kirche. 46 pp.
Mueller's Deutsche Liebe. With English notes. 121 pp.
Muegge's Riukan Voss. 55 pp.
—— **Signa Die Seterin.** 71 pp.
Nathusius's Tagebuch Eines Armen Fraeuleins. 163 pp.
Ploennies's Princessin Ilse. With notes by J. M. MERRICK. 45 pp.
Putlitz's Was Sich Der Wald Erzaehlt. 62 pp.
—— **Vergissmeinnicht.** With English notes. 44 pp.
Schiller's Das Lied von der Glocke. With introduction and notes by CHARLES P. OTIS, Ph.D., late Professor in Massachusetts Institute of Technology. 70 pp.
Storme's Immensee. With notes. 34 pp.
Tieck's Die Elfen. Das Rothkaeppchen. With notes by Professor L. SIMONSON. 41 pp.

Unterhaltungs Bibliothek.

A collection of the best short Stories in German Literature, carefully printed for the use of Students, in 12mo volumes, with paper covers.

Andersen.—Bilderbuch ohne Bilder. With Notes and Vocab.
—— Die Eisjungfrau, und andere Geschichten. With Notes.

Auerbach und Roquette.—Auf Wache, by B. Auerbach; Der Gefrorene Kuss, by O. Roquette. With Notes.

Carove.—Das Maerchen ohne Ende.

Ebers.—Eine Frage. Idyll zu einem Gemälde seines Freundes Alma Tadema. With Notes.

Eichendorff.—Aus dem Leben eines Taugenichts.

Fouqué.—Undine, with Vocabulary.
—— Sintram und seine Gefährten.

Grimm (Hermann).—Die Venus von Milo; Rafael und Michel-Angelo.

Grimm (J. and W.)—Kinder u. Hausmärchen. With Notes.

Heine.—Die Harzreise und das Buch Le Grand. With Notes.

Heyse.—Die Einsamen.
—— Anfang und Ende.

Hillern, von.—Höher als die Kirche.

Hoffman (E. T. A.)—Meister Martin. With Notes.

Humoresken.—Novelletten der besten Deutschen Humoristen der Gegenwart. With Notes.

Mügge.—Signa die Seterin.
——Riukan Voss.

Müller (Max).—Deutsche Liebe. With Notes

Nathusius.—Tagebuch eines armen Fräuleins.

Ploennies.—Princessin Ilse. With Notes.

Putlitz.—Was sich der Wald erzählt.
—— Vergissmeinnicht.

Schiller.—Das Lied von der Glocke. With Notes.

Storm.—Immensee. With Notes.

Tieck.—Die Elfen; das Rothkäppchen. With Notes.

HENRY HOLT & CO., Publishers,
NEW YORK.

** Any one discovering an error in any of Messrs. Henry Holt & Co.'s publications, will confer a great favor by reporting it to the publishers immediately.

www.ingramcontent.com/pod-product-compliance
Lightning Source LLC
Chambersburg PA
CBHW022041080426
42733CB00007B/921